Anna Engel

Zimt

Gedichtband

Impressum

Bibliografsche Information der Deutschen Nationalbibliothek: Die Deutsche
Nationalbibliothek verzeichnet diese Publikation in der Deutschen Nationalbibliografe;
detaillierte bibliografsche Daten sind im Internet über http://dnb.dnb.de abrufbar.

© 2021 Anna Engel

Herstellung und Verlag: BoD – Books on Demand, Norderstedt

ISBN: 9783754342244

Für

T.R.S

C.M.S

D.W

S.C.I/E

A.J.W

Doof (ohne Dich)

Frühstückstoastbrot doof.
Chef sowieso doof.
Im Büro, auf dem Klo
bin ich auch ohnehin doof.
Ich ohne Dich einfach doof!
Boot doof.
Pilot doof.
Idiot sowieso doof.
Zygot doof.
Exot doof.
Verbot sowieso doof.
Schrot doof.
Depot doof.
Despot sowieso doof.
Kot doof.
Rot doof.
Gebot sowieso doof.
Will mit Dir begraben sein,
denn ohne Dich ist auch der Tod doof.
Das Büro und das Klo
sind nur ohne Dich doof
und ich will Dich finden, aber wo?!

Auf Liebe warten

Ich warte auf Liebe
bei Tag und bei Nacht.
Hab Stunden dafür
im Dunkeln verbracht.

Ich warte auf Liebe
bei Sonne und bei Regen.
Doch ich find sie nicht,
denn Gott hat meine Sünden
nie vergeben.

Aber tief im Inneren
weiß ich eins:
Die Liebe kommt dann,
wenn sie kommen kann
und bis dahin heißt
es geduldig warten.
Wann genau sie kommt,
kann ich nur vage raten.

Bessere Zeiten

Hab tausend Teller serviert,
mich dabei ständig verirrt,
manchmal auch verkalkuliert,
wäre fast krepiert
und das alles,
damit es eines Tages
mal besser wird.

Schwitze tagtäglich
und friere, wenn es schneit.
Auch wenn's grad nichts gibt,
was mich antreibt,
arbeite ich
bis in die Unendlichkeit
und das alles,
damit es bloß
nicht so bleibt.

Hab hunderttausend
Posts geteilt,
doch das Boot
ist trotzdem am Kentern.
Will also nicht mehr
Zeit verplempern.
Bin gereist, hab gesprochen
in Unsummen von Ländern
und das nur,
damit die Dinge sich
verändern.

Das verlorene Gedicht

Such ein Wort, will's unbedingt haben.
Sieh's in der Nahe, bin dann am Jagen.
Bin kurz davor, doch es ist zu spät:
Das Wort ist jetzt beim andren Poet!

Hab somit ein Gedicht verloren.
Wünschte, ich wäre nie geboren.
Mein Leben macht so keinen Sinn,
ich will unbedingt zum Poem hin.

Renn dem Poet also hinterher,
Poeme zu finden ist allzu schwer.
Ideen suchen, bis keine mehr kommen,
vom Wortspiel bin ich nur benommen.

Renn weiter, bis ich nur noch tapp,
als hinge davon mein Leben ab.
Will jetzt das Poem erreichen,
andere Poeten sollen weichen!

Jetzt den diebischen Poet umkreisen.
Versuche, ihm das Poem zu entreißen.
Doch es geht nicht heute an diesem Tag.
Verloren, weil ich nur noch sterben mag.

Suchen

Ich bin auf der Suche
und weiß nicht nach was.
Ich bin auf der Suche
und weiß nicht warum.

Ich bin hier.
Ich war dort.
Nie gefunden
meinen Ort.

Hast Du nicht gewusst,
wer ich wirklich bin?
Der Zug zog mich weg
und dort zog es mich hin.

Seniorenstudium

Meine Oma sitzt neben mir und lacht,
weil sie neulich ein Seniorenstudium macht.

In der Vorlesung gern als Beispiel genommen,
von alten Zeiten nur benommen.

Professoren identifizieren sich gut und gern,
als kämen wir vom anderen Stern.

Dabei versteht doch ein jedes Kind,
dass sie ganz normale Studierende sind.

Alte Leute rollen mit dem Rollator in die Universität.
Für alte Leute ist das Studieren nie zu spät.

Die Hand zittert beim Schreiben zwar,
doch das stört nicht ganz und gar.

Das bisschen Demenz fällt schon nicht auf,
halbe Rente geht für Bücher drauf.

Bildung für alle und jedermann,
weil lernen ja jeder kann!

Studieren

Leute schmeißen mit den Büchern rum.
Ich bin klug und nicht dumm.

Leute schmeißen mir die Bücher hinterher.
In der Großstadt zu lernen ist nicht schwer.

Leute schmeißen mir die Bücher ins Gesicht.
Kein BAföG gibt's sagt das Gericht.

Leute schmeißen mir die Bücher an den Kopf.
Mittags dann ein leerer Topf.

Leute ziehen mich abends aus der Bücherei,
während ich verzweifelt nach Liebe schrei.

U-Bahn anxiety

Steckt er mich an?
Sticht sie mich ab?

Schubst der mich auf den Gleis?
Und: Hassen sie mich, wer weiß?!

Warum guckt der mich an?
Ist da was dran?

Vielleicht schließen sie auch 'n Packt?
Der da ist eklig, weil er fettige Haare hat.

Situation ist in meinen Fängen,
weil sie eh alle am Handy hängen.

In der U-Bahn verhält sich manch einer wie ein Kind
und man sieht, wie böse die Leute wirklich sind.

Die U-Bahn ist randvoll gestopft,
das Blut gerinnt und der Schweiß tropft.

Jeden Morgen dasselbe Spiel,
manchmal wird es viel zu viel.

Abends das Ganze dann noch einmal,
doch ich hab keine andere Wahl.

Ich frag mich: Wann komm ich endlich an?
Und ich steig aus, weil ich nicht mehr kann.

Faulig

Die Sonne scheint.
Die Füße stinken.
Ich muss jetzt raus
und Bierchen trinken.
Also bitte stress mich heute nicht;
auf Urlaub ist jetzt freie Sicht.
Das bisschen Arbeit
kann auf mich warten.
Mit dem Arsch ab in den Garten.
Mein dicker Kater
kommt mir zuvor.
Mein Enkelkind schießt ein Tor.
Abends noch Champagner dann,
weil ich's kaum erwarten kann.

Sadomaso

Schlägst Du mich
Schlag ich Dich zurück
Wahrend ich gegen das
Bettgerüst drück.

Hab heut kein' Bock
Auf Dein' Schlagstock
Nimm lieber die Rute.

Du legst mir die Handschellen an
Lack und Leder sind jetzt dran.

Geh bitte mal nach rechts
Nur mit Schmerz schmeckt's
Am nächsten Morgen
Die Quittung dann
Rote streifen am Rücken, man.

Sieh mal Kleiner,
Was Du angerichtet hast
Wir brechen uns die Knochen, fast.

Jede Nacht das gleiche Kinderspiel
Von Schläge krieg ich nie zu viel
Hab Dich trotzdem lieb Tag für Tag
Weil ich Dich nie verlassen mag.

Morgens

Die Zahnbürste schreit mich an.
Sie gilft regelrecht.
Anschließend dreht sie ein paar Runden.
In meinem Mund.

Die Kaffeemaschine kocht vor Wut.
Vor lauter Müdigkeit verliere ich den Mut.
Doch keine Sorge, das übernimmt die Brühe für mich
und Deine Hilfe brauch ich nicht.

Dusche

Ich stelle mich unter die Dusche.
Wasche die negativen Gedanken ab.
Ich sehe, wie der Dreck zum Abfluss hinunterfließt.
Ich möchte frei sein.
Frei.
Ich schrubbe meine Haut ab.
Bis sie rot wird.
Wasche meine Erfahrungen ab.
Will neugeboren sein.
Habe eine Packung Duschgel verwendet.
Will noch eine zweite Packung haben.

Gehe raus aus der Dusche.
Staubpartikel lagern sich ab.
Auf meiner Haut
und in meinem Gehirn.
Muss husten, weil die Welt so staubig ist.

Die Süße des Lebens

Die Süße des Lebens schmeckt mir sehr.
Die Süße des Lebens liegt mir auf der Zunge.

Ich bin mit ihnen in der Stadt,
spüre den Smog in der Lunge.

Die Süße des Lebens schmeckt mir so gut,
sie berührt meine Zunge und den Rest meiner Haut.
Bin mit ihnen unterwegs und die Musik ist laut.

Dinggedicht

Klingel Ding-Dong,
sing 'n Sing-Song,
mach' 'n Ding-Ding,
spiel bisschen Ping-Pong.
Bin ein Unding,
welches aus Dingen besteht.
Bin somit ein Mesoding:
Halb Mann und halb King
und es macht Klingeling.

Tausend tote Tanten (Kater Karl)

Tausend tote Tanten trauern tief im Verlies,
weil ihr Kater Karl gestern Nacht die Welt verlies.
Schließlich verliessen sie den Keller auch irgendwann
und sorgten dafür, dass Karls Seele aufsteigen kann.

Das Schräubchen

Bei Deim Täubchen fehlt 'n Schräubchen;
Jetzt steht sie da und wäscht Dir Träubchen;
Obendrauf ein Sahnehäubchen;
Dann liegt sie da und dreht ihr Däumchen;
Du willenlos und pflanzt ein Bäumchen;
Dann stehst Du da und pflückst ein Pfläumchen;
Dein Bart nur noch ein kleines Fläumchen;
Gehst schnell wieder rein in Dein Baumhäuschen;
Siehst eine andre und fragst:
„Willst in mein Gartenläubchen?"

Heiße Tage

Blaue Blumenblüten blühen
im Beisein anderer bunter Blumen
bei dreißig Grad im Schatten.
Billige Benzodiazepine beissen sich
durch mein Nervensystem.
Scharfe Brennnesseln geben sich meiner Haut hin,
bis ich rot und voller Ausschläge bin.
Duftende Deodoranten übertünchen meinen Schweiß.
Ich liege auf dem Rücken und denke nichts,
denn es ist zu heiß.

TikTak

Es gibt einen Grund, warum die Uhr Tik Tak
und nicht Tak Tik geht:
Nämlich, weil das Wort Taktik im Duden steht!

Ja, um die Taktik hinter dem Tik Tak zu verstehen,
müssen wir an dieser Stelle schon etwas tiefer gehen.

Warum machen die Schuhe Klick Klack
und nicht Klack Klick?
Warum macht die Klingel Ding Dong
und nicht Dong Ding?

„Jetzt geh' mir nicht so auf den Geist!"
„Aber ich will doch wissen, warum es so
und nicht anders heißt?!"

Und das, mein liebes Kind,
ist das Ende der Geschicht.
Eine Lösung für das Problem,
nein, die gibt es nicht.

Wie die Dinge sind und wie sie waren

„Ab und an" sagte sie
„habe ich Schwierigkeiten,
die Dinge so zu sehen,
wie sie waren und
wie sie wirklich sind."

Ehrlich

Ich wollte nie
schön sein,
sondern lieber
ehrlich.

Handy halten

Den ganzen Tag halt ich's in der Hand.
Es fangt an zu glühen; Finger fast verbrannt.
Streicheln tu ich's seit eh und je.
Mein Daumen tut schon ganz schon weh.
Schulter-Nacken-Syndrom den ganzen Tag,
weil ich mich in mein Handy verliebt hab.

Masturbation

Ich hab mich heut so richtig lieb,
sodass ich's mir ganz feste gib.

Den Vorhang zu, die Musik muss an:
Heute bin nur ich mal dran!

Ich lieb mich heut sogar so sehr;
An andren Tagen fällt's mir schwer.

Die Kerze brennt, das Licht ist aus;
Ich hör nichts aus den Treppenhaus.

Sie wurden mit mir spielen und fragen, doch ich lach,
weil ich nur komm, wenn ich's mir selber mach.

Unkraut jäten

Da ist ein Riss in meinem Herz
und aus dem Riss
da wachsen Pflanzen.
Sie wachsen immer weiter
und hindern mich am Tanzen.

Irgendwann wächst mir das Unkraut
in die Beine rein
und aus den Ohren raus.
Bin wie angewurzelt;
Komm nicht ohne Dich aus.

Doch keine Sorge:
Ich hör Dich ab;
Hab Dich verwanzt,
weil ich die Hoffnung hab,
dass Du Unkraut jäten kannst.

Marie

Ich liebe Dich so sehr.
Dich zu küssen fällt mir nicht schwer,
weil ich Dich ja so gern mag
jede Nacht und jeden Tag.
Weil ich es liebe, wie Du Dinge abwägst
und die Weise, wie Du Kleider trägst.
Dein Windhauch, der berührt mich sanft,
weil Du ja so schön grinsen kannst.
Ja, jede Nacht und jeden Tag,
weil ich nur noch Dich lieben mag.

Fressen

Ich will Dich fressen und so siehst Du aus.
Geh' von mir aus auch dafür ins Tiefkühlhaus.

Diätassistenz halt das für 'ne schlechte Idee.
Hast zu viel Zucker, wenn ich Dich so seh.

Komm und mach Sahne auf Dein' Bauch,
ich lieb' Dich so und die Nägel fress ich auch.

Du bist süß und ich seh Dich,
also will ich Dich fressen.
Ganz in Ruhe und am Abend,
denn ich lass mich nicht stressen.

Egal ob Käsekuchensahnetörtchen oder Fisch mit Dill:
Du bist dran, weil ich Dich jetzt fressen will.

Paradies

Heute scheint die Sonne,
obwohl es regnet
und ich warte auf den Regenbogen,
der die Landschaft segnet.

Die Schaukel quietscht im Paradies.
Kinder rennen über den Kies
und es gibt nur noch eines,
was ich verlang':
nämlich, dass ich bei Dir sein kann.

Rosenrot und Taubenblau

Rosenrot und Taubenblau liegen bei Dir ganz genau.
Innere Konflikte sieht man Dir nicht an,
doch sichtbar wird, was nicht verborgen werden kann.
Einmal zum Mond hin und dann wieder zurück.
So kreierten wir unser gemeinsames Glück,
bis unser Segen von Dannen; einfach weggeflogen
und wir wurden um unsere Bindung bestohlen.
Aber eines Tages wird es eine neue Chance geben
und ich werde meine Hand in die Deinige legen.

Auf der Couch

Ich lieg auf der Couch.
Will meinen Kopf zurecht biegen.
Dabei wünschte ich,
sie wurde neben mir liegen.

Und ich lieg auf der Couch.
Will meine Dämonen verbannen.
Dabei wünschte ich nur,
wir wären zusammen.

Hab Seelenkrebs und lieg auf dem Rücken.
Versuch, mich vorm Weinen zu drücken.

Ist es Psychoanalyse oder reinster Quatsch?
Eine Antwort auf diese Frage hat jetzt keinen Platz.

Mein Sigmund Freud hält Dich für eine gute Idee
und in meinen Träumen singen wir
und liegen im Schnee.

Ich steh auf und will, dass er sich verpisst,
weil Du meine letzte Hoffnung auf Heilung bist.

Küssen

Meinen letzten Wunsch, den verzeihe mir,
denn ich wünsch mir einen Kuss von Dir!
Bei Sonnenschein gemeinsam oben am Berg.
Würd mich fühlen wie 'n Pionier!

Hab immerzu an Dich gedacht.
Du bist mein Regenbogen in der Nacht.
Du bist klug und humorvoll noch dazu.
Ich lieb nur eine und das bist Du!
Hast mir Glück und Liebe gebracht.

Zugfahrt

Ich saß mit Dir im Zug,
bis ich aussteigen musste
und als der Zug mit Dir
einfach weiter fuhr,
riss er mir mein Herz mit raus.
Er riss meinen Magen gleich hinterher.
Nein, Gedärme ausreißen
ist für Zuge nicht schwer.

Vogel werden

Wär ich ein Vogel, so flög ich zu Dir.
Doch ich bin leider kein Vogel,
deshalb stehe ich hier.
Aber wenn meine Seele dann Flügel bekommt
und sich mein Zimmer durchs Fenster sonnt,
will ich zu Dir fliegen und bei Dir stehen,
um Dir Tag für Tag auf die Nerven zu gehen.

Reiskorn im Quadrat

Ein Reiskorn zum Vergleich nebenan.
Vergebens, weil ich es nicht einschätzen kann.
Zweites Reiskorn lege ich noch dazu.
Ein drittes Korn fällt ins Loch im Nu.
Bald ist die Packung wieder leer.
Komm, bitte hol schon mal die Löffel her.

Sommer

Die Sonne scheint mir aufs Gehirn.
Du küsst mich ganz leicht auf die Stirn.
Ist das Liebe?

Der nächste Tag.
Regen prasselt auf meine Schädeldecke.
Bedürfnisse bleiben auf der Strecke.
Ist das Liebe?

Zeit töten

Ich habe so viel Zeit zu töten
und ich warte hier,
denn meine Hoffnung ging flöten.

Die Freude und ich

Die Freude und ich
haben 'n Pakt geschlossen.
Für immer und ewig
durch Milchglasscheibe genossen.
Bin ganz und gar nicht verschossen,
sondern wie mit Blei übergossen
und mein Mut hat sich
ganz hinten im Schrank versteckt.
Meine Angst, Dich zu verlieren,
hat mich gestern aufgeweckt.

Schönheiten

Sie sagte:
„Und manchmal habe ich nur Schwierigkeiten damit,
die Schönheit dieses Lebens zu sehen."

Ideen

Einige Ideen pflücke ich vom Baum.
Andere wiederum rollen wie Lawinen auf mich zu.
Wieder anderen jag ich hinterher.

Ideen zu haben ist nicht schwer.

Aus dem Bauch heraus

Kann das Gras schon wachsen hören.
Bin gekommen, um den Frieden zu stören.
Ist mir zu ruhig hier, deshalb bin ich da.
Ich rette das Land vor der Ruhe – wunderbar!
Kann die Insekten auf meiner Haut krabbeln spüren.
Die Ruhe wird mich ewig verführen.
Die Leute in der Ruhe ahnen nichts von ihrem Leid,
weil ich heute aus dem Bauch heraus schreib.

Aus dem Bauch heraus schreib ich ab sofort
und lieg hier auf der Wiese im himmlischen Ort.
Aber ich lieg da so alleine, ganz alleine irgendwann
und ich vermiss Dich, weil ich
ohne Dich nicht leben kann.
Liebe ist ein schlechtes Wort,
war mal schön behaftet gewesen.
Mir gefällt's hier; Ich will hier sterben
und dann verwesen.
Den Insekten schönes Fressen, neues Futter bieten,
während ich, ich wünschte wir,
hier so auf der Wiese liegen.

Frühling (Zwischenzeit)

Der Frühling ist meine Lieblingszeit:
Es ist nicht zu heiß und nicht zu kalt.
Die Vögel zwitschern fröhlich im Park.
Die Sonne scheint, aber nicht zu stark.
Im April und im Mai bin ich ja noch dabei,
doch im Juni beginnt dann die Hautbraterei.

Frühsommer, Spätsommer?!
Spätfrühling, Frühfrühling?!
Ja, Frühling ist die Phase,
in der's grad noch so geht.
Die Zeit, in der der Schweiß
noch nicht im Gesicht rumklebt.
Und ich vermiss im Sommer
den Frühling mit all meiner Schwere.
Denk, dass ein Jahr ohne Frühling
einfach kein gutes Jahr wäre.....

Neugeboren

Ehefrau verlassen.
Altes Haus hinter mir gelassen.
Mein Schaf wieder blitzblank geschoren
und ich stehe vor drei offenen Toren.
Meine Sünden sind weg,
bin wieder unschuldig geworden.
Hast Du schon vergessen?
Ich bin heute neugeboren.

Raum und Zeit

Gib mir den Raum, Dich zu vermissen
und dann die Zeit, Dich wieder zu küssen.

Gib mir die Ruhe, auch von Dir weg zu gehen
und dann die Liebe, wieder bei mir zu stehen.

Schenk mir die Sicherheit, auch mal Nein zu sagen
und dann den Mut, die Spannung zu ertragen.

Bring mir die Freiheit, mal umherzuziehen
und dann die Kraft, in Deine Arme zu fliehen.

Ehe

Anfängliche Verliebtheit völlig vorbei.
Tag für Tag nur einerlei.
Jetzt geht's nur noch um Proviant,
denn der Alltag hat uns umgerannt.
Krieg nie wieder ein Überraschungsei.

„Kein Tag ist wie der andere" hast Du betont.
Ich frag mich, ob sich das Leben mit Dir lohnt?!
Ich will nur, dass das alles vorüber geht,
doch wir haben ein Haus; Es ist schon zu spät.
Aber Monotonie war ich noch nie gewohnt.

Pendel

Mag nicht mehr hin und her schwingen
Zwischen Dir und mir
Mag endlich statisch stehen
Meinen Weg ohne Dich gehen
Und Dich mit klaren Augen sehen
Ich versuch's und scheitere
Bin ein Minusmensch
Mal Mensch geteilt durch Tier
Bin nur ein halber Mensch
Was will ich hier?
Doch egal, wie Du bist
und egal, wie Du lebst:
Du gehörst zu mir
wie das Amen zum Gebet.

Dein Gedicht

Ich schreib
und denk an Dich.
Nur die besten Worte
für Dein Gedicht.

Dein Gesicht ist für mich
das größte Geschenk,
weil ich gleich viel besser schreib,
wenn ich an Dich denk.

Du hast einen großen Platz
in meinem Herz,
denn wenn ich Dich seh,
vergess ich den Schmerz.

Ich liebe Dich und die Worte.
Das ist alles, was ich lieb.
Das ist der Grund,
warum ich Dir all Deine Sünden an mir vergib.

Du bist so nah

Du bist so nah und doch so fern,
aber leuchtest für mich wie ein Stern.

Mit Dir und ohne Dich fühl ich mich allein,
denn da ist nichts, was wir beide teilen.

Du bist so fern und doch so nah
und deshalb immer für mich da.

Zusammen sind wir so allein
und die Einsamkeit stellt mir ein Bein.

Du bist so nah und doch so fern.
Dabei hab ich Dich einfach nur gern!

Ich komm nicht wirklich an Dich ran
und ich lieb Dich, aber wann?

Du bist so fern und doch so nah
und ehe ich mich kurz versah

warst Du schon wieder weg.

Berühren

Berühren öffnet tausend Türen.
Willst Du mich spüren, mich verführen?

Fühlt sich softig warm und weich an,
weil ich Dich gut spüren kann.

Auch Deinen Geruch kann ich ganz gut leiden,
selbst Deine Bazillen würd ich nie meiden.

Ich saug Dich auf und schleck Sahne von Dir ab,
bis ich eine wunde Zunge hab.

Egal ob duschen, baden oder mehr,
Deine Berührung fallt mir nicht schwer.

Sanft gleitet sie über meine Haut,
bis sich mein Vertrauen aufbaut.

Schmiegst Du Dich an mir und ich mich an Dir,
bis ich völlig die Fassung verlier.

Denn jetzt und heute in dieser Nacht
haben mir Deine Hände Glück gebracht.

Am nächsten Morgen sauber berührt aufgewacht,
hab innerlich noch nie so sehr gelacht.

Ja, dann ist Herbst

Wenn Blätter die Welt bedecken
und die Staaten neue Präsidenten entdecken.

Wenn die Virenzahlen wieder steigen
und Depressionen sich fleißig zeigen.

Wenn die Sonne grad noch scheint
und die Mutter um ihren Sohn heut weint.

Ja, wenn die Tage wieder kürzer werden
und kleine Tiere langsam sterben.

Und wenn der Wind des Wandels weht
und die Zeit wie im Flug vergeht.

Ja, dann ist Herbst.

Blatt im Herbst

Wie ein Blatt im Herbst
häng ich grad noch dran
und ich weiß:
Es passiert irgendwann.
Dann fall ich runter
und land auf der Straße.
Die Leute glotzen in Ekstase.
Ich versuch, mich noch zu retten,
doch es ist schon zu spät:
Gleich um die Ecke liegt das Laubblasgerät.

Baby

Schleim.
Käse.
Blutig.
Wurm.
Baby.

Freiheit

Die meisten Menschen sind nicht frei.
Ein bisschen Zwang ist immer dabei.

Ich fühl' mich unfrei und zwar nicht nur ab und zu.
Das, was man von mir will, ist genau das, was ich tu!

Die meisten Menschen sind nicht frei.
Hab nicht nur eine Fessel, sondern drei.

Ich fühl' mich unfrei und das nicht nur hin und wieder.
Es zerfrisst schon mein Gehirn
und fesselt meine Glieder!

Die meisten Menschen sind nicht frei.
Wenn man sie fragt? „Einfach so, weil."

Ich fühl' mich unfrei und zwar nicht nur ab und an,
weil ich faul und feige bin und mir einred',
dass ich eh nichts ändern kann.

Der körperliche Zerfall (Das Ende aller Tage)

Mein Körper zerfällt in tausend Stücke.
Jeden Tag ein bisschen mehr.
Ich kann nicht mal mehr eine Brücke.
Auch das Rennen fällt mir schwer.

Zuerst sieht man sie nur bei Licht.
Doch plötzlich sind Falten im ganzen Gesicht.
Die Jahre vergehen.
Doch die Uhr bleibt nie steh'n.

Altern ist demütigend, das weißt Du auch.
Bin kompliziert geworden,
hab doofe Streifen am Bauch.

Die Sonne ging schon so oft auf
und ich stell mich drauf ein:
Dies wird das Ende aller Tage sein.

Verfall

Ganz langsam
verfalle ich
und werde zu der Person,
die ich niemals
sein wollte.

Der ewige Kreislauf des Lebens

Nichts ist statisch, nichts bleibt stehen.
Wenn sich eine Tür schließt,
wird die andere aufgehen.

Coronavirus

Wann geht es denn zu Ende?
Ich frage mich bloß wann?!
Weil ich auf Dauer
nicht so ein Katzenleben führen kann.

Muss jetzt literweise Desinfektionsmittel horten.
Kämpf mich durch die ganzen Reis- und Nudelsorten.

Geh jetzt hamstern all night long.
Pack das alles in' Karton.

Bin in Quarantäne, steck über's Netz jetzt alle an
und wenn nicht mit Corona, vielleicht mit Panik dann.

Kommt keiner mehr rein, geht keiner mehr raus.
So bleibt das jetzt und aus die Maus!

Schulen Geschlossen. Kitas zu. Grenzen Dicht.
Was weiß ich nicht?

Ich sitz in Quarantäne,
steck den Kopf jetzt in den Sand.
Habe 100 Wunsche meiner Seele
schon langst aufs Klo verbannt.

Ich hab das Virus, bin am Verrecken.
Würd ja aufstehen und mich strecken.

Doch ich bleib besser liegen, schaff's heut nicht auf.
Schreib stattdessen lieber meine Sorgen auf.

War wohl zu leichtsinnig. Wie kann man bloß so sein?
Das Virus stellt die Falle und ich fall voll drauf rein.

Inkubationszeit ist zu lang,
sodass man sich nicht wehren kann.

Und wann geht es denn zu Ende?
Ich frage mich bloß wann?!
Weil ich auf Dauer
nicht so ein Hamsterleben führen kann.

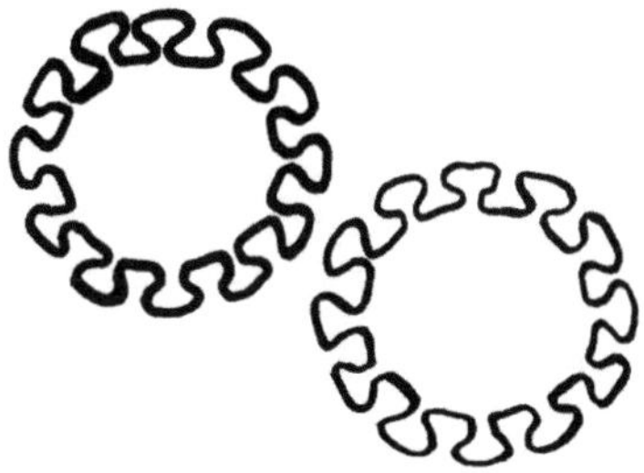

Rosen im November

Rosen wachsen in meinem Garten.
Auf Schnee kann ich noch lange warten.
Es ist November.

Milder Wind weht mir ins Gesicht.
Die Luft riecht freut, Schnee gibt's nicht.
Es ist Dezember.

Und die Menschheit gleitet langsam in den Suizid.
Eine langsame Schnecke war es, die sie trieb.

Und da diese Schnecke so langsam war,
dachten alle: „Macht nichts!"
und hielten's nicht für wahr.

Grausame Langeweile

„Und wenn es nicht langweilig wird" sagte sie
„dann wird es doch grausam. Oder nicht?"

Scheißkältentage

Die Nase läuft, hab zitternde Knie.
Spazieren wird zur Zitterpartie.

Meine Haare werden Eisgebilde.
Stotter, weil ich keine Silben bilde.

Sommer ist shit, der Winter tut weh,
weil ich bis oben hin im Schweiß
oder im Schnee steh.

Mein Motor ist eiskalt eingefroren,
hab Sorgen über Brüche in Rohren.

Komm endlich heim, die Brille läuft an
und ich überleg, wo ich als nächstes sterben kann.

Wach am nächsten Morgen mit Halsweh auf.
Mir ist zu kalt, sodass ich Vodka sauf.

Das hier sind Scheißkältentage,
weil ich die Kälte nicht vertrage.

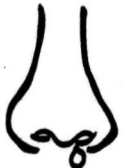

Grippe (Influenza)

Lieg im Bett, hab den Einstieg schon verpasst.
Alles ist voll Scheiße und mein Kopf platzt fast.

Ich lieg im Bett, hab Schü-, Schü-, Schüttelfrost.
Du hast mir geschrieben,
doch ich komm heut nicht zur Post.

Plötzlich wird mir auf einmal wieder heiß.
Ich halluzinier; Es gibt nur eins, was ich weiß:
Ich hab Fieber, hab Grippe und lieg krank im Bett.
Nur ein Allheilmittel wär jetzt perfekt.

Nun bade ich in meinen eigenen Viren und denk mir:
Diesen Kampf werd ich vielleicht verlieren.

Und ich will das alles gar nicht mehr wollen.
Ja, ich Depp hätt mich impfen lassen sollen!

Kuss
eklig feucht
ich mag nicht
Zunge steckt im Hals
scheußlich

Jemand

Hab niemanden, der zu mir steht,
der einen Weg mit mir gemeinsam geht.

Dabei brauch ich doch jemanden,
der sich in mich verliebt.
Jemand, der mir Hoffnung
auf eine schöne Zukunft gibt.

Mein Ruf ist ruiniert,
ich hab niemanden,
der mich akzeptiert.

Sogar meine Mutter denkt, ich bin verrückt.
Hab mich vor der Wahrheit andauernd gedrückt.

Hab niemanden, der mich versteht,
der einen Weg mit mir gemeinsam geht.

Dabei brauch ich doch jemanden,
der sich in mich verliebt.
Jemand, der mir Aussicht
auf andere Ansichten gibt.

Hab niemanden, der mich aussteht,
der einen Weg mit mir gemeinsam geht.

Dabei brauch ich doch jemanden,
der mich ein wenig lenkt.
Jemand, der mir Frieden schenkt.

Der Mathematiker

Kühl berechnend mit Kalkül,
ohne gewisses Taktgefühl.

Richtig, fleißig, gar monoton,
ohne jeglichen sozialen Ton.

So jungfraulich und unberührt,
lediglich Pythagoras hat ihn verführt.

Sauber und fein in binomischer Form,
das ist für ihn gesunde Norm.

Denn er hat es immer gepflegt
und das Problem in ein Vielfaches zerlegt.

Nur das Eine wird von ihm verehrt,
die Richtigkeit seiner Losung sei gewährt!

Wie ein Poet hat er es sich zurechtgelegt,
rechnet sauber und gepflegt.

So kalt, so kühn, so strukturiert,
das Ganze noch multipliziert.

So kalt, so trist und gar durchdacht,
hat er es sich leicht gemacht.

Haut

Manchmal würde ich gerne
für circa eine Stunde
in Deine Haut schlüpfen,
um dann wieder zurück
in meine zu hüpfen.
Doch ich stecke in meiner Haut
und Du steckst in Deiner Haut;
Jeder hat sich auf seine Weise
die Zukunft verbaut.
Ich würde ja gern fliegen,
aber da oben ist es zu laut.
Hab zu viele Filme gesehen
und den falschen Menschen vertraut.

Du sagst dieses Leben ist
zum Aus-der-Haut-Fahren.
Aber ich bin es gewohnt
nach all den Jahren
und die Moral der Geschichte ist,
dass Du in der Haut bleibst,
in der Du geboren bist.

Die Tänzerin

Die Waage sagt: 46 Kilo bin ich schwer,
doch meine Gedanken wiegen 10 Mal mehr.

16 Jahre - sagt die Urkunde - werd ich bald.
Dabei fühl ich mich doch schon so alt!

Zu wenig hab ich erst gesehen
und doch schon viel zu viel.
Mein Leben besteht aus Körper,
Selbst, Tanz und Spiel.

Und ich übe meine Sprünge
jeden Tag stundenlang,
bis ich irgendwann hinauf
in den Himmel springen kann.

Kinder
einfach frech
zum Fressen gern
zu laut für mich
nervig

Mein Kind

Wie ein Kind schaukelt es.
Springt ganz leicht, ohne Stress.
Es hat die Seele sich aufgetan.
Ganz leicht springt sie im Sommerdress.

So unbeschwert und einfühlsam
mit einer Seele aus Porzellan.
Vor Freude tanzend unterm Brunnen.
Ein paar Lieder, die sie summen.
So schön und leicht wie ein Schwan.

Carpe Diem

Das Leben ist viel zu kurz, um sich zu plagen,
also mach's Dir schön in Deinen Lebenstagen.
Verschwende Deine Zeit nicht damit, Dich zu quälen
und immer damit, den harten Weg zu wählen.
Denn glaub mir: Es heißt Carpe Diem,
deshalb sollst Du keine Zeit mehr verlieren.
Glaub mir hier und glaub mir jetzt,
auch wenn Carpe Diem Deine Philosophie verletzt.
Ich weiß: Ich brauch gerade reden.
Hatte es selbst nicht leicht auf meinen Wegen.
Doch Du, mein Kind, sollst es leichter haben,
dann ist die Zeit hier leichter zu ertragen.

Sie und die Sprache

Sie liebte die Sprache,
weil die Sprache sie liebte.
Und die Sprache liebte sie,
weil sie die Sprache liebte.
Sie schrieb, um zu leben
und lebte, um zu schreiben.
Sie war gut zu ihrer Sprache
und die Sprache war gut zu ihr.
Die Sprache lag bei ihr im Blut.
Sie wurde schon sprechend geboren.

Hassliebe

Ich hasse das Kleid
und ich hasse sie,
wenn sie das Kleid trägt
und ich hasse es,
wenn ich sie hassen muss,
weil ich sie lieben will
und ich liebe es,
wenn ich sie lieben kann,
weil sie ist wie sie ist
und weil sie kann was sie kann.

Schade

Wenn wir uns in einer anderen
Dimension begegnet wären

in einem anderen Kontext
in einer anderen Ära
in einem anderen Zeitalter

so hätten wir bestimmt zueinander gefunden. Schade.

Schuld und Scham

Hab' Schuld und Scham auf der Bahn.
Kann nicht empfehlen mitzufahr'n.
Du sagst: „Es bringt ja nichts, wenn ich Dich ermahn'.
Gibt ja trotzdem Schuld und Scham."
Und es ärgert mich.
Und ärgert mich.
Und ärgert mich so sehr.
Abzuschalten fallt mir schwer.
Hab' Zwänge und will nicht, dass man mich zwingt.
Bin der Tropfen, der das Fass zum Überlaufen bringt.
Weil bei mir Schuld und Scham
mit im Rucksack fahr'n
und ich hab Schuld und Scham
in ihrer ganzen Bahn.

Die Wahrheit lügt

Mein Rucksack wird so schwer;
Tragen kann ich ihn nicht mehr.

Trink mir deshalb Flügel an,
damit ich schon umher fliegen kann.

Feuchtfröhliche Floskeln
fliegen quer durch den Raum;
Gehör somit zum gesellschaftlichen Abschaum.

Plötzlich kommt sie.

Sie schlägt mich zu Boden
und zieht mich doch in ihren Bann.
Das ist schade, weil ich erst seit kurzem fliegen kann.

Gedanken denken

Weil wir eben in Gedanken denken
und in Gedenken danken,
sind's oft die Gedanken,
die wir denken,
die uns in die falsche Richtung lenken.

Gedanklich

Es frisst mich gedanklich geradezu auf.
Es nimmt mich regelrecht ein.
Es zerkaut mich.
Es verschluckt mich.
Es verdaut mich.
Keiner hört mich.

Gehirn(wäsche)

Schraub das Ding ab.
Säg die Schädeldecke auf.
Tu das Ding raus.
Steck es in den Mixer rein.
Mix einmal gut durch.
Hol das Ding wieder raus.
Stopf es wieder rein.
Schraub es wieder an.
Damit ich endlich anders drüber denken kann.

Erinnerungen

Über zwei Jahre ist's jetzt schon her,
dabei häng ich dran so sehr!
Doch die Zeit ist nicht auf meiner Seite,
die Erinnerung sucht langsam das Weite.
Würd so gern den Repeatknopf drücken;
Stattdessen in meinem Kopf nur Lücken.
Guck mir verzweifelt Videos und Fotos an.
Drei Jahre sind bald vergangen dann.
Denn schlimmer als die Dinge,
die mir heute keine Ruhe lassen,
ist die Tatsache, dass gewisse Erinnerungen
verblassen.

Gedanken sind wie Wolken

Gedanken sind wie Wolken.
Sie kommen und gehen, ziehen vorbei.

Gedanken sind wie Wolken.
Manchmal regnen sie auf Dich herab.

Gedanken sind wie Wolken.
Die einen sind größer, die anderen sind kleiner.

Gedanken sind wie Wolken.
Manchmal sind sie heller, manchmal dunkler.

Gedanken sind wie Wolken.
Und wenn Du Glück hast,
kannst Du die Sonne sehen.

Kaputt

„Es hat mich kaputt gemacht." meinte sie.
„Nein, denn Du hast Dich kaputt machen lassen."
erwiderte er.

Schmerz

Ich stehe auf.
Zieh den Rolladen hoch.
Die Sonne ist Schmerz.
Das Dach ist Schmerz.
Der Schnee ist Schmerz.
Der Zug ist Schmerz.
Das Fenster ist Schmerz.
Alles Schmerz.

Natur

Wo einst ein Schmerz war,
tropf jetzt Wasser kalt und klar.
Ich sehne mich nach dem Glück,
das nun so rar.

Und das klare Wasser tropft,
als wärst es Du, die klopft.
Wäre ja so gern dankbar.
Ich hör die kleinen Vögel sogar.
Doch mein Kopf ist vollgestopft.

Ein Ball

Vielleicht ist Schmerz
nur eine Art Ball:
Wir geben ihn weiter
an andere.

Schmerzen

Gibt es ein Leben nach dem Schmerz?
Oder gibt es Schmerzen nach dem Leben?

Gibt es ein Leben nach dem Tod?
Oder gibt es den Tod nur nach dem Leben?

Gibt es Schmerzen mit dem Leben?
Also nur ein Leben mit den Schmerzen?

Gibt es Schmerzen vor dem Leben?
Oder auch ein Leben vor dem Schmerz?

Gibt es Leben ohne Segen?
Oder auch einen Segen ohne Leben?

Gibt es den Schmerz nur mit dem Leben?
Oder bleibt der Schmerz auch mit dem Tod?

Der spitze Schmerz

Die süße, bittere Enttäuschung,
die den zarten, spitzen Schmerz
zu einem Schwert feilt
ist diejenige, für die ich lebe.

Die Niederlage, mein kleines Ich,
die Frage nach Sinn und Wert
sind Fragen, für die ich alles gebe.

Ein schriller Schrei, ein spitzer Schmerz
ganz tief sitzend in meinem Herz;
Drum gehen wir jetzt verschiedene Wege.

Wer bin ich? Wo bin ich? Wofür bin ich da?
Hab ich's verdient, geliebt zu werden?
Und ich sitz auf dem Ast, an dem ich gerade säge.

Melancholie

Wörter aufschreiben.
Auf der Schaukel sitzen.
Briefe schreiben.
Musik hören.
In den Mond gucken.
Die Sterne sehen.

Ihr Name war Blüte

Ihr Name war Blüte
und sie sang für mich.
Im Kreis drehten sich Vögel,
denn sie wunderten sich,
weil Blüte so schön singen konnte
und sich der Kater auf der Wiese sonnte.
Deswegen bin ich hier, deswegen bin ich da.
Der Weg ist zwar steinig,
doch manche Stellen sind wunderbar.

Fußstapfen

Und überall
wohin sie ging
hinterliess sie
einen bleibenden Eindruck.

Just for the Katz

Hab' ein Mal nicht auf sie gehört.
Das falsche Futter gekauft.
Sie frisst es nicht. Ich bin zerstört.

Will mit ihr schmusen, doch hab's verpatzt.
Sie rennt weg, lern neue Schmusetechnik.
Was ich nicht tu - just for the Katz.

Mürbeteig

Mürbe
Mürbeteig
Mürben
Mürbisierung
Mürbung
Zermürben
Zermürbend
Zermürbung
Zermürbant
Zermürbisierung
Zermürbe

Kontrolle

Und die wichtigste Lektion hätte ich fast verpasst:

Nämlich die, dass Du keine Kontrolle
über bestimmte Dinge hast.

Die Betrogene

Aus mir wirst Du heute nicht schlau,
weil ich Dir nicht viel weiß.
Außer, dass Du mich betrügst
und ich weiß, wie sie heißt!

Also wunder Dich nicht, wenn ich in nächster Zeit
Löcher in Deine Anzüge schneid,
Abführmittel in Dein Essen gebe
und Furzkissen auf Deine Stühle lege.

Die Ehe mit Dir war ein Fehler, ich weiß.
Du hast keinen Anstand und das ist der Beweis!

Also wunder Dich nicht,
denn in den nächsten Tagen
werd' ich Deiner Neuen schon sagen,
dass Du eigentlich verheiratet bist.
Dann Stinkbomben verstecken,
die Du niemals vergisst.

Belogen, betrogen; nichts glättet die Wogen
und ich frage mich: Was hat Dich bewogen?

Also wunder Dich nicht,
wenn ich in nächster Zeit
kleine Löcher in eure Kondome schneid,
Gift in Dein Getränk rein gebe
und dann statt Blumen
tote Spinnen in Dein Grab rein lege.

In Deinem Blut baden

Ich bade in Deinem Blut,
denn Du bist in mir
und ich war in Dir.
Also sieh zu,
dass Du Flügel bekommst
und wieder zu mir her fliegst,
weil ich es kaum erwarten kann,
bis Du in meinem Blut liegst.

Licht

Du gehst weg.
Ich bleibe stehen
und suche nach Sonnenlicht,
denn ich fühl' mich gefangen.
Doch die Sonne hat
gestern leider Suizid begangen.

Leben

„Das Leben ist dazu da, um Dinge zu tun,
die einem Spaß machen."

-

„Nun ja, das Leben ist zumindest nicht dazu da,
um Dinge zu tun, die einem keinen Spaß machen."

Geister

Meine Lungen atmen schwer,
bin ewig einfach still gelegen
und ich versuche zu denken,
doch mein Geist hat eben aufgegeben.

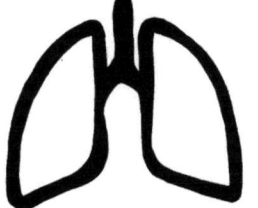

Frieden

Ich bin weder unruhig noch hänge ich unten.
Bleibe im Hier und Jetzt ewig angebunden.
Was war das war und wird nicht ewig sein.
Meine Zukunft legt mich nicht mehr rein.
Denn es komme was wolle
und ich nehme es an.
Ich drehe und akzeptiere,
was ich nicht ändern kann.

Seelenfrieden

Will nicht, dass ich mich damit rumquäle.
Schön wär's so für den Frieden meiner Seele.

Und egal, welchen Weg ich jetzt noch wähle:
Ich will doch nur Frieden für meine Seele.

Aber bitte meld Dich doch, damit ich erzähle.
Einfach so. Für den Frieden meiner Seele.

Hab seither 'n dicken Kloß in meiner Kehle.
Der muss weg, für den Frieden meine Seele.

Doch verurteile nicht, brauch immer viele Duschgele.
Einfach so für den Frieden meiner Seele.

Und sei nicht wütend, wenn ich mal fehle.
Ich brauch das für den Frieden meiner Seele.

Guck her, sieh unsre gemeinsame Parallele.
Will Dich haben für den Frieden meiner Seele.

Bist so viel wert wie zehntausend Kronjuwelen.
Brauch nur einen Kuss für den Frieden unsrer Seelen.

Vögel fliegen

Vögel fliegen weit hinaus.
Bis ganz hinter vorbei am Haus.
Vögel fliegen zum Meeresrand hin.
Für Vögel macht das Fliegen Sinn.
Die Sonne geht gerade unter.
Vögel machen mein Leben bunter!
Die Vögel verschwinden hinter der Sonne.
Meine Gedanken fliegen in die Tonne.
Wenn ich der Geschichte den Rücken kehr,
weil ich selbst gern so ein Vöglein wär,
hör ich langsam auf, nach Vergangenem zu fassen.
Ja, vielleicht sollte man Vögel einfach fliegen lassen.

Gartenglück

Ich sitze hier in meinem Garten,
muss noch ewig auf Dich warten
und google da so vor mich hin,
bis ich hin und her gerissen bin.

Würd so gern selbst zu Dir hingehen,
doch ich bleib wie angewurzelt stehen.
Kann nicht kommen, ehe mein Glück nicht gefunden
und ich bleibe stehen, für ewig angebunden.

Alles was zählt

Alles was zählt kann man nicht sehen.
Alles was zählt kann man nicht zählen.

Alles was zählt konnt' ich nicht wissen.
Alles was zählt werd' ich jetzt vermissen.

Nein, alles was zählt kann ich nicht stehen,
denn alles was zählt wird mich sehr quälen.

Alles was zählt kann man nicht
sehen, machen oder tasten.
Alles was zählt kann man nur
fühlen, schmecken; wird mich belasten.

Alles was zählt wird rot im Nu.
Alles was zählt für mich bist Du.

Sozialmonster

Fass mich nicht an.
Setz Dich nicht neben mich hin.
Ich will Dich nicht haben,
weil ich ein Sozialmonster bin.

Ich hasse die Leute.
Die Leute hassen mich.
Ich bin ganz allein
und hab' das zweite Gesicht.

Aber jetzt fass mich bloß nicht an!
Denn egal, wer Du bist
und egal, welcher Rang:
Es steht schon fest,
dass ich Dich nicht leiden kann.

Handy klingelt, hab 'ne SMS bekomm'.
Rauch grad allein aus meiner Bong,
doch es ist leider nur die Telekom.

Egal ob Sozialschmarotzer,
unsoziale Sau oder Sozialschwein:
am Ende werden wir sowieso dieselben sein.

Der verlorene Zwilling

Mein Zwilling ging verloren,
ist einfach abgegangen.
Bin ganz allein geboren,
hab's niemals abgefangen.
Hab in aller Welt
meinen Zwilling gesucht,
ganze Reisen hab ich gebucht!

Doch es ist so, dass ich's
wahrscheinlich nie mehr find.
Vermissen tu ich's, mein Geschwisterkind.

Monster in mir

Das Monster in mir
hämmert gegen die Tür.
Es will Unruhe stiften,
das sagt mein Gespür.

Könnte ich Teile in mir töten,
wär die Entscheidung gar nicht schwer,
weil einfach das Monster in mir als erstes dran wär.

Du wirst schon sehen

„Du wirst schon sehen." sagte er.
„Reg' Dich nicht so auf. Es ist nur eine Phase.
Mit dem Alter wirst Du immer ruhiger
und die Dinge gelassener sehen."

Doch nichts davon stimmte.

Käfig

Wie 'n Hamster im Käfig dreh ich am Rad.
Ich bin ganz allein, weil das Rad keiner mag.

Ich versuch zu entkommen
und die Stange durchzubeissen.
Ich geb noch nicht auf,
will mich von den Fesseln losreißen.

Wie ein Nager beiss ich mir die Zahne aus;
Sie schmeißt Probleme rein,
ich schmeiß Probleme raus.

Der Käfig ist einer, der nicht von alleine weggeht,
denn für Fluchtmöglichkeiten
ist es jetzt schon zu spät.

Die Fassung

Ich raste gleich aus,
fall gleich voll aus dem Raster.
Bräuchte für meine Wunde
ein riesiges Pflaster.

Und ich raste nochmal aus,
fall gleich voll aus dem Raster.
Wünschte ich wär
ein bisschen gefasster.
Nur ein bisschen gefasster
wünscht ich, dass ich wär.
Doch die Fassung zu bewahren
fällt mir allzu schwer.
Dieses Elend ist so quälend,
die Leute sind allzu wählend.

Und wir leben den ewigen Kreislauf des Lebens;
Wir leben ihn heute,
wir leben ihn morgen
und wir leben vergebens.

Ungeduld

Da ist ein Feuer in mir
und ich gieß Benzin drauf.

Bin gar nicht da jetzt und hier.
Nehme noch bisschen in Kauf.

Wie lange dauert es denn noch?
Bitte sag mir jetzt, wie lang.

Weil ich's, wenn ich so dran denke,
eigentlich kaum erwarten kann.

Brausetablette

Manchmal steh ich neben mir,
ganz aufgelöst wie 'ne Brausetablette.

Manchmal bin ich völlig außer mir,
dann kenn ich keine Netiquette.

Nur ein Grab

In einem Dorf, in dem es einen Friedhof gab
gab es auf diesem Friedhof gar nur ein Grab.
Und weil außer diesem Mann keiner sterben mag,
stand ich einmal neben diesem Grab und dachte mir:
„Da ist ja noch ganz schön viel Platz neben Dir!"

Und ich frag' mich, wie es wäre,
wenn es dort mehr als nur ein Grab gäbe?
Oder ein anderer an seiner Stelle läge?

Ich sagte zum Friedhofswärter: „Das ist schaurig."
Er sagte: „In der Tat."
Das war die Geschichte vom Friedhof,
an dem es nur ein Grab gab.

Ausflug

Ich schaufel mir 'n Grab,
nimm 'n Sarg
und leg mich rein.

Lass mich runter, lieg da drin
und zack fallt mir ein:
Für mein Gedicht ein guter Reim!

Doch zum Glück hab' ich vorausgedacht
und bisschen Werkzeug mitgebracht.

Schraub den Deckel auf,
grab mich aus, geh' in die Stadt.
Die Leute glotzen blöd und ich hab's satt.

Geh' durch die Straße und guck,
bis ich mich niemand mehr sieht.
Stehe in der Ecke.
Ich war doch nur verliebt und wart',
bis mir jemand Stift und Zettel gibt.

Urnen

Ich gehe durch mein Leben
mit der Urne meines Vaters.
Stehe ohne Dich im Regen
auf dem Platz Deines Theaters.

Warte auf ihren Segen,
gehe allein auf meinen Wegen,
Milch und Honig wird's nicht geben,
Trauer kommt nicht gut gelegen.

Schön bemalt auf meinem Schrank.
Der Staub wurde nie aberkannt.
Die Farben sieht man nun nicht mehr.
Was ich nie hatte fehlt mir sehr.

Eines Tages streifte ich vorbei -
vorbei an dem Schrank
auf dem seine Urne stand
und sie fiel um so nebenbei.

Hier stehe ich

Hier stehe ich nun, vom Glück verlassen
und kann alles noch gar nicht richtig fassen.

Hier stehe ich nun, voll von meiner Trauer
und das Unglück ist mir ständig auf der Lauer.

Hier stehe ich nun, ohne jeden Verstand
und wär am liebsten weggerannt.

Hier stehe ich nun, mit meinem Leid liegen gelassen,
ganz allein und ganz verlassen.

Hier stehe ich nun; Ich kann nicht anders!

Der Versuch

Versuch mal hier, versuch mal da.
Vielleicht wird der Weg irgendwann klar.
Der in meiner Seele sitzende Schmerz
war aber so wunderbar.

Und jetzt ist die Zeit gekommen,
in der ich mich - ganz streng genommen -
entscheiden können muss.
Ganz nüchtern ohne Verdruss
und ich seh' die Zukunft verschwommen.

Zynismus

Hey, es ist schön, Dich wieder zu sehen!
Lass uns doch ein Stückchen gemeinsam geh'n.
Du siehst gut aus in Deinem Kleid.
Es gefällt mir von Jahr zu Jahr besser!
Und Deine Zähne erst! Gibt's die auch in weiß?
Also, jetzt erzähl mal
und geh' mir bitte aus der Sonne,
während wir hier so steh'n.

Verständnis

„Ich brauche Dein Verständnis nicht.
Ich kann mir von Deinem Verständnis nichts kaufen."

sagte sie und ging.

Mut

Du nanntest mich feige
dabei zeigte ich Mut
auf meine Art und Weise
und in Dir schäumte die Wut.

Du nanntest mich faul
dabei zeigte ich Mut.
Ich bin nicht träge,
hab' das nicht im Blut.

Du nanntest mich ängstlich
dabei zeigte ich Mut.
Ich wollte nur meine Ruhe,
weil mir Stress nicht gut tut.

Dein Trauma

Ich mag Traumata eigentlich nicht,
aber mit Deinen komm ich klar;
Hab keine Abneigung gegen Deine Traumata.

Trauma

Trauma führt zu Trauma
führt zu Trauma
führt zu Trauma
führt zu Trauma
führt zu Trauma.

Des Schneiders Lehre

Es war einmal ein Schneider,
der lebte irgendwann.

Und wenn er noch nicht tot ist,
gibt's nur noch eins, was er kann: Nähen.

Jeden Tag nach der Schule sagte seine Mutter ihm:
„Mach Deine Hausaufgaben, Junge! Setz Dich hin!"

Seine Mutter schlug ihn,
bis sie ihn fast um sein Leben brachte,
weil der Junge Schneider wurde
und sein Abitur nicht machte.

Und der Wert der Lehre damals bestand darin,
dass er wertlos war.
Er nahm das Gefühl an und es war ihm klar.

Eines Tages nach der Lehre
verließ er seine Mutter dann,
damit er eine eigene Schneiderei eröffnen kann.

Wertlos fühlte er sich trotzdem allemal
und ich weiß: Seine Geschichte klingt banal.

Tag für Tag wurde es ihm schwerer um sein Herz;
Er dachte sogar an Selbstmord - ohne Scherz.

Dreißig Jahre später kam eine Frau
in seine Schneiderei,
die ihn lobte und sagte,
dass sein Kleid von großem Wert für sie sei.

Es war die Lehre, die er niemals vergisst:
Nämlich die, dass er auch nicht mehr oder weniger
Wert als jeder andere ist.

Er war der, der seiner Mutter damals glaubte!
Er ließ es zu, dass sie ihm seinen Selbstwert raubte!

Zurück zu der Dame in der Schneiderei,
die ihn lobte und noch eine Hose ihm gebracht.

Der Schneider sah sie zitternd an und sagte:
„Was habe ich nur mit meinem Leben gemacht?"

Träumen

Das bisschen Langeweile nehm ich in Kauf;
Von unten guck ich nach oben rauf.

Da oben wird's schon nichts Schlimmes geben.
Ein bisschen Milch und Honig; Träume eben.

Ich kann den Vorgang nicht mehr beenden;
Kann es nicht mehr zum Guten wenden.

Und ich flieg da hin, wo die Engel sich trafen.
Gleich bin ich da; für immer am Schlafen.

Die Monde

Kein Mond dieser Welt wird mir je das Gefühl geben. Wie viele Monde werde ich noch erleben?

Lieber Mond, warum machst Du mich so unruhig?

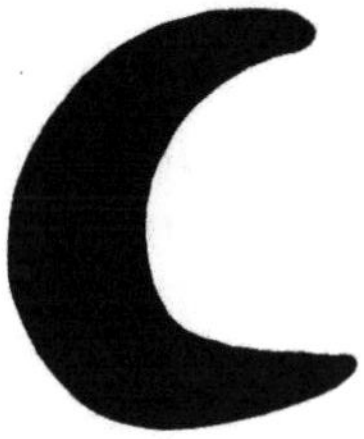

Tiere

Zum Wohl der Menschheit sagten sie
für Wissenschaft und Pharmazie
wohlwissend um ihre Zeit
„Ja!" zum Spiel der Grausamkeit.
Ob Bäuche von Mäusen aufschlitzen
oder Risse ins Trommelfell rein ritzen.
Ob Stimmbänder durchschneiden
oder Gift ins Fell einreiben.
Ob morgens, abends
oder nachts im Neonkunstlicht
entkommen Ärzte der Versuchung
von Tierversuchen nicht.
Tiere und ich sind es leid, das Leid zu ertragen.
Tiere sind die besseren Menschen,
weil sie nie fragen.
Stattdessen sind sie da, um Dir Liebe zu geben;
Es ist nicht allzu kompliziert in ihrem Leben.
Also sehe beim Kaufen einfach davon ab,
weil ich die Tiere ja so lieb gewonnen hab.

Episode

Es war ein schöner Tag,
als ich in meinem Blumenbad lag
umgeben von Rosen,
weil ich die so gern mag
und ich flog hin und her,
hörte den Vögeln zu.

Doch auf einmal klang es,
als wollten sie mir etwas sagen,
als wollten sie mich warnen
und zehn Zentner Zement
legten sich auf meine Schultern.

Ungerechtigkeit

Ich kämpfe
gegen eine Ungerechtigkeit,
die es ohne mich
erst gar nicht gäbe
und man fragte mich
nicht einmal.

Schokolade

Zartschmelzend auf meiner Zunge.
Bläschen platzen in meiner Lunge.
Fein Edelherb und ich frag' mich wann?!
Wann ich endlich den Hunger stillen kann?!

Doch Leider rutscht sie mir aus der Hand.
Die Schokolade landet jetzt im Sand.
Dabei war ich doch noch gar nicht satt?!
Die dunkle Tafel macht mich grad ganz platt.

Kriegerin

Und da sie mich nicht fragten,
ob ich leben möchte,
konnten sie mir auch nicht vorschreiben,
wie ich zu leben habe.

Akzente setzen

Achte darauf, welche Akzente Du setzt
und wer Dich wann weswegen verletzt.

Achte darauf, an welchem Strang Du ziehst
und dass Du immer schön zwischen den Zeilen liest.

Achte darauf, was Du mit Dir machen lässt
und wer Dich wann weswegen verlässt.

Achte darauf, mit welchen Menschen Du Dich abgibst,
wen Du hasst und wen Du liebst.

Also achte darauf, welche Akzente Du setzt
und was Du wann weshalb sehr schätzt.

Kiste

Manches pack ich in meine Kiste
und die Kiste, die bleibt zu.
Keiner kommt mehr an die Kiste ran -
Nicht ich und auch nicht Du.

Schließ ich einfach ab
oder ist es schon verdrängen?
Es ist wohl Letzteres
und äußert sich in Zwängen.

Und wenn die Kiste hochkommt,
mag ich nicht dran denken.
Mag nicht mehr fühlen,
nicht mehr lenken.

Meine Kiste ist so schwer,
doch wenn ich sie öffne, ist nichts drin.
Die Kiste gibt nichts her,
die Kiste macht keinen Sinn.

Manchmal wünsch ich mir die Kiste weg,
manchmal wünsch ich mir das sehr.
Ob ich wohl in Frieden leben könnte,
wenn diese Kiste nur nicht wär?!

Selbstliebe

Bisschen mehr Selbstliebe
würde mir nicht schaden.
Mich selbst schön finden,
bisschen Zweifel abladen.
In Sachen Selbstliebe
geb ich mir eine Sechs.
Aber es war ja auch nicht leicht,
wenn man sich in mich hineinversetzt.
Mich selbst mehr akzeptieren,
nicht immer schon im Kopf verlieren.
Das passt nicht,
hier ist zu viel dran
und ich frag mich,
wann ich mich selbst
lieben kann?!

Aufwachen

Komm, wach auf.
Warum wachst Du nicht auf?
Komm, bitte.
Bitte wach wieder auf.
Bitte.
Ich bin doch da.
Ich brauche Dich doch.
Bitte wach auf.
Bitte.

Sonne

(Ein Gedicht von den Schattenseiten der Sonne)

Die Sonne tut weh und die Sonne sticht,
wie entkomme ich bloß dem Sonnenlicht?

Die Sonne sticht und die Sonne tut weh.
Ich guck mich um, such meinen Schatten in Spe.

Sonnenbrände werden mich begrüßen,
Hitzeschlage meine Tage versüßen.

Von Sonnencreme schon drei Flaschen verbraucht.
Mein Körper brutzelt, mein Gehirn, das raucht.

Nein, die Sonne ist nicht immer gut.
Nicht fündig wird, wer Schatten sucht.

Kann mich nicht rechts umsehen,
auch nach links kann ich mich nicht drehen.

Ohne Blendung geht's nur nach hinten.
Ein Ende werd' ich niemals finden.

Lateinstunde

Sitze mit Dir im Lateinunterricht.
Führ mich einfach raus ans Licht.

Habe Dein Wort durch dekliniert.
Doch fühl mich völlig deplatziert.

Spielst mir vor, ich sei geborgen.
Mein Geist ist aber ausgestorben.

Dein Damoklesschwert schwebt über mir.
Jetzt drohst Du damit, dass ich verlier.

Ich fleh Dich an, sag: „Bitte nicht!"
Schon fast am Ende mit dem Unterricht.

Jeden Abend

Jeden Abend
ging er in sein Zimmer.
Dann verwandelte sich Opa
in ein Riesenmonster
und kam dazu.
Und es war egal,
wie früh
oder wie spät
er ins Bett ging.
Er probierte es aus.
Er kam trotzdem dazu.

Im Nu
war am nächsten Morgen
wieder alles gut.
Mama und Papa
wussten ja
von dem Monster,
welches in der Nacht
immer zu ihm kam.
Zumindest fühlte er,
dass sie es wussten.

Im Regen tanzen

Kümmere Dich nicht,
denn ich habe den Regen gerochen.
Sorge Dich nicht,
denn ich liebte ununterbrochen.

Sorge Dich nicht, denn ich habe in der Sonne getanzt.
Bin auf Schaukeln gesessen, habe Blumen gepflanzt.

Lass mich los.
Ich hab genug gesehen
und Du siehst wie sich Gedanken
im Kreis drehen.

Erwartungen

„Und erwarte Dir nicht allzu viel vom Leben." rief er ihr noch hinterher.

Karma

Ich nehme einen Platz ein
und später gebe ich ihn ab.
Ich renn um mein Leben,
bis ich das Glück gefunden hab.
Nach einer kleinen Hölle erst einmal ins Paradies,
weil Gott zunächst kein gutes Haar an mir ließ.
Und ich freue mich auf einen Neuanfang irgendwann,
weil Materie nicht einfach so zerstört werden kann.

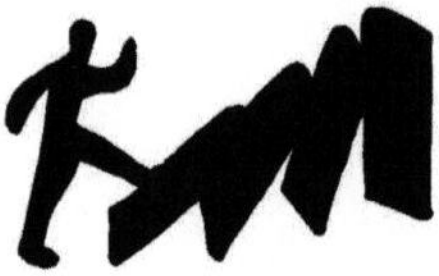

Babyleichen

Habe Dich doch gerade erst erschaffen und geboren.
Erst in die Hand gelegt bekommen
und gleich wieder verloren.
Deine Seele hat mein Leben gestreift
wie ein Windhauch.
Dabei liebte ich Dich doch
und Du liebtest das Leben auch.

Der Mörder

Rasierte Haare, eiserner Blick.
Mord gibt ihm einen Kick.

Er bricht allen das Genick.
Mit einem Beil, das ist sein Trick.

Mit seinem Mörderkörper
fördert er den Fall der Pförtner.

Er ist nicht nur ein Mörder, sondern auch ein Dieb
und bricht nachts ein in die Schokoladenfabrik.

Er geht ins Dunkel, steht nicht im Licht.
Ein Mörder schweigt und spricht nicht.

Gleiches wird mit Gleichem bestraft,
denn der Mörder wurde jetzt entlarvt.

Mörder steht jetzt vor Gericht.
Muss zum Henker mit Hakennasengesicht.

Und der Kopf rollt den Berg herunter,
das Volk jubelt und schreit munter.

Eine Sprache verlieren

Hab' versucht, sie zu behalten.
Ich war noch jung und ohne Falten.
Traurig, aber es ist schnell passiert,
dass man eine mühsam erlernte Sprache verliert.
Nach einem Jahr halbiert sich der Wortschatz schon
ohne die tägliche Repetition.
Dabei wird mein Herz doch schon so schwer,
wenn ich sehe, wer ich ohne Sprache wär'!
Ich renne der Sprache hinterher,
vermissen tu ich sie umso mehr.
Die Sonne scheint dabei so stark,
sodass auch das letzte
Stückchen Sprache gehen mag.
Doch eines Tages treffen sich
die Sprache und ich uns wieder.
Am Platz unter dem Baum,
wo sich Poeten treffen.

Bedeutungen

Ich habe es so sehr gewollt
und bin weit gekommen.
Doch jetzt, wo ich am Ziel bin,
bedeutet es auf einmal nichts.

Traum

Kannst es nicht ab, hier nur rum zu hängen.
Hast die Schnauze voll von Deinem Haus.
Hast versucht, es zu verdrängen.
Doch zu spät: Es kommt alles raus.

Das Date von gestern ist geplatzt,
das ist eh nicht so Dein Ding.
Oberflächlich nur gekratzt,
weil Dir der Rest zu tief ging.

Du hast gesagt:
„Mach Dir keine Sorgen um mich,
ich glätte schon die Wogen!"
Und jetzt liegst Du da,
denn Du hast mich angelogen.

Du hast die Nase gestrichen voll,
ehe ich auch auf ein Ende hoff.
Und sie reden und reden,
bis es aus den Ohren wieder raustropft.

Zeit (Alles ist relativ)

Hab versucht, den Zeiger zurück zu drehen,
um Dich noch ein letztes Mal zu sehen.

Hab versucht, den Zeiger
von fünf auf vier zu verschieben,
aber solche Momente
werd ich niemals wieder kriegen.

Hab versucht, den Zeiger
von drei auf zwei zu verschieben.
Der Moment ist verloren,
aber ich werd Dich immer lieben.

Weil ich die Zeit als meinen größten Feind ansehe
und mit ihr auf Kriegsfuß stehe.

Denn Zeit ist unentbehrlich
und alles in allem
sind alle unverbesserlich.

Viel zu tun

Und wenn ich die Möglichkeit habe,
etwas zu bewirken,
so nehme ich diese Möglichkeit wahr.

Zwang

Ich glaub, ich hab den Topf
im falschen Regal stehen.
Jetzt muss ich den ganzen Weg
noch einmal zurück gehen!

Ich frag mich, warum Gott
mir diese eine Gabe gab.
Wasch mir die Hände so lang,
bis ich keine Haut mehr hab.

Jeden Morgen um Punkt sechs,
wenn ich mir mein Frühstück mach,
seh' ich die Sonne, schmier mein Brötchen -
aber bloß nicht um drei nach!

Der Zeitplan generiert, alles gut durchstrukturiert
und ich verachte alles, einfach alles,
womit man die Kontrolle verliert.

Und während ich den Busfahrplan
stets in der linken Tasche trag,
wird mir endlich klar, dass ich eine
Zwangsstörung hab.

Schreiben

Schreiben ist mein täglich Brot,
denn solang ich schreib, bin ich nicht tot.

Doch der Tod hat leider keine Taschen
und sie erzählen ausgiebig von falschen Tatsachen.

Wir leben den ewigen Kreislauf des Redens
und wir reden und reden und reden vergebens.

Zimt

Da ist Zimt auf meinem Milchreis,
doch es fehlt der Zucker.

Weiß nicht, wie mir geschieht:
Überall Zimt wohin man nur sieht.

Zimt ist dunkel, Zucker ist leicht.
Ich sehe nur Zimt soweit das Auge reicht.

Und da in meinem Herzen eine Wunde klafft,
fehlt nur der Zimt in meiner Milchreislandschaft.

Das Ende aller Tage

Die Welt war für uns da,
haben sie ausgeraubt.
Bist ganz schön alt geworden,
hast ziemlich abgebaut.
Wir sind zu zweit, haben verloren.
Rest der Erde? Ausgestorben.
Sind hier nun einsam gestrandet,
ein Heuballen fliegt vorbei.
Sind von Einsamkeit umrandet,
da Hilft keine Arznei.
Schenken uns den letzten Champagner ein,
denn dies wird das Ende aller Tage sein.
Gehen den leeren Strand entlang und schlagen ein.
Suchen nach ein bisschen Hasch,
dies wird das Ende unsrer Party sein.
Komm, lass uns noch
die letzte Zigarette rauchen gehen,
bevor wir uns ein letztes Mal tief in die Augen sehen
und auch die zwei letzten Menschen
bis zum Hals rauf in der Hölle stehen.

Blau

In die Tiefen des Wassers
stürzte ich mich,
als meine Liebe
mir aus dem Weg wich.

Rein ins tiefe Blau
und ich falle ewig,
während ich ins Wasser schau.
Bin nicht ängstlich, sondern selig.

Und in dem Moment,
in dem ich ins Wasser knalle,
wird mir klar, dass ich tot bin
und nicht mehr falle.

Aufgefangen liege ich im Becken.
Ihre Meinungen können sie sich stecken.

Müde

Ich bin müde.
Saumüde.
Hundemüde.
Schweinemüde.
Supermüde.

Und ich will schlafen.

Schlafen

Komm, lass ihn noch schlafen.
Es tut ihm ja so gut.
Lass ihn schon liegen.
Sieh dir an, wie er ruht.

Ach, lass ihn noch ein wenig schlafen.
Nur ein, zwei Stündchen noch.
Es war grad so schön.
Nur Träume, kein Loch.

Lass ihn noch schlafen.
Die Träume tun ihm gut.
Denn vergiss eins nicht:
Die Realität ist schlimm genug.

Seelen

Meine Seele juckt und spannt heute sehr.
Das zu ertragen fällt mir schwer.

An Dermatologen wurde sie vermittelt,
dennoch hat sie rote Ausschläge entwickelt.

Jetzt nicht an falsche Hoffnungen binden!
Hab' gesucht, um Seelenfrieden zu finden.

Und die letzte Frage, die jetzt noch passt,
ist die, ob Du 'ne gute Creme für mich hast.

Der seelische Konflikt

Ängste zerreißen meine Seele in Stücke.
In meinem Herzen klafft eine große Lücke,
sodass ich aufpasse und gar nicht Frage,
weil ich einen Seelenkonflikt in mir trage.

punktausende

Punkt. Aus. Ende.
Ende. Aus. Punkt.
Ende. Punkt. Aus.
Aus. Punkt. Ende.
Punkt. Ende. Aus.
Aus. Ende. Punkt.
Basta.
Schluss.